ANNA GRUNDULS DESIGN
ANNA GRUNDULS . COM

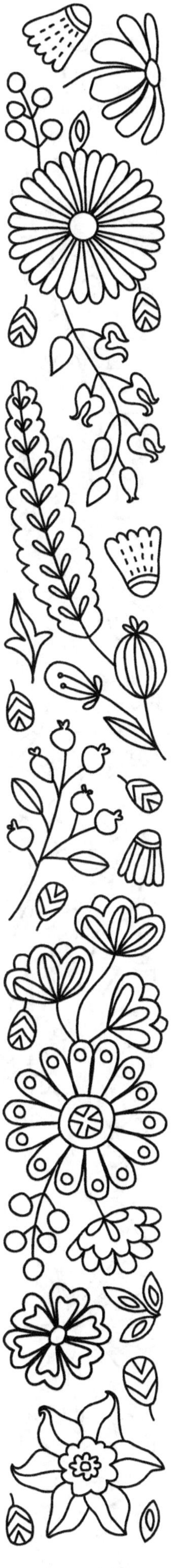

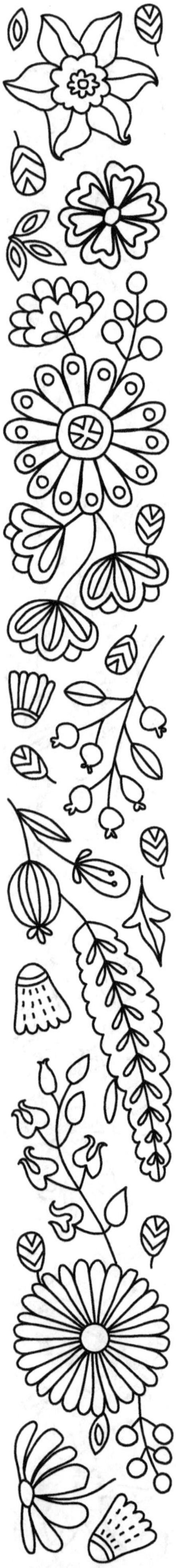

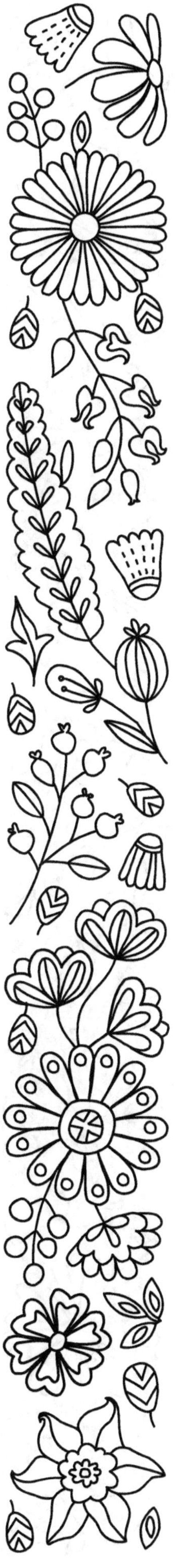

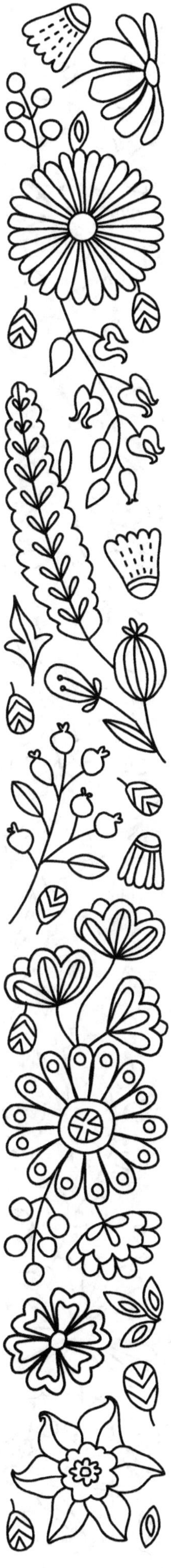

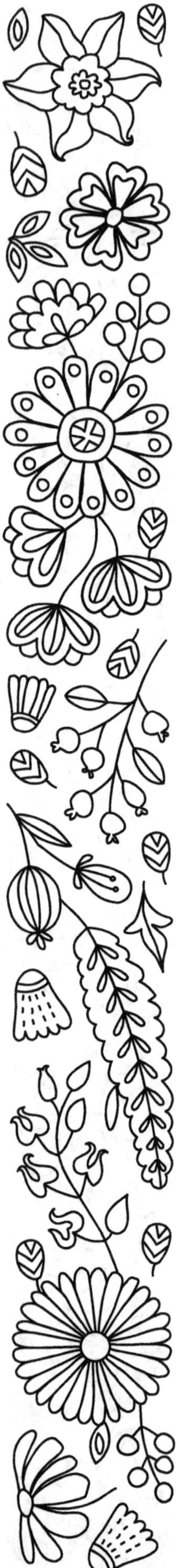

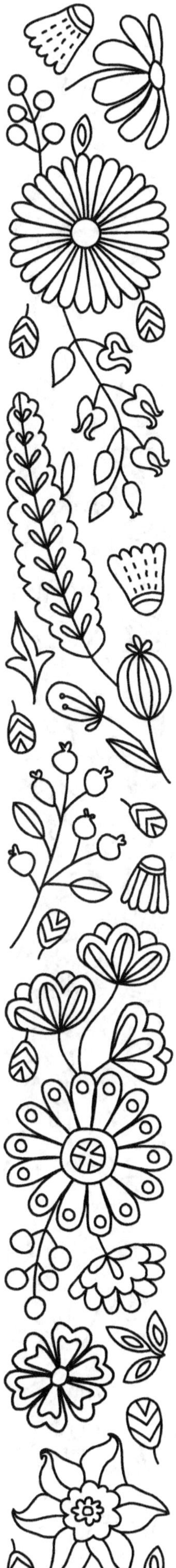

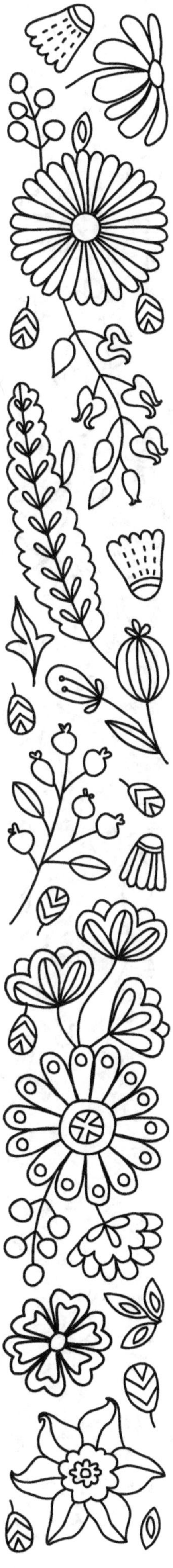

www.ingramcontent.com/pod-product-compliance
Lightning Source LLC
Chambersburg PA
CBHW081556280526
45788CB00011B/3491
* 9 7 8 1 0 9 0 9 8 2 7 4 2 *